MENACE SUR LA PLANÈTE KRYPTON

Face aux plus grands dirigeants et scientifiques de la planète Krypton, Jor-El explique que leur monde est condamné. Il n'a pas peur. Non, il est en colère.

– La fin est proche, annonce-t-il. Le sort de notre planète et de nos habitants est entre vos mains. Les tremblements de terre secouent Krypton depuis des mois. Les raz-de-marée submergent nos côtes. Les volcans menacent nos

villes. Si nous n'agissons pas maintenant, tout ce que nous avons construit sera détruit !

Derrière les scientifiques, une ombre bouge… c'est Brainiac, le robot !

– Tais-toi, Jor-El ! Krypton tourne autour du soleil rouge depuis des millions d'années et continuera de le faire pendant encore très longtemps.

– Pas d'après mes recherches, répond l'intéressé.

– Tes recherches sont fausses, affirme calmement le robot. Ces dernières semaines, moi aussi, j'ai examiné les faits. Et j'en suis arrivé à cette conclusion : Krypton traverse une nouvelle phase. Bientôt, l'activité volcanique de la planète cessera.

– C'est impossible ! réplique Jor-El.

Les yeux de Brainiac s'illuminent.

– Me suis-je déjà trompé ? Ne serait-ce qu'une seule fois ?

Jor-El n'ose pas répondre. Son silence parle pour lui.

– Une fois de plus, conclut Brainiac, j'ai raison.

Tout autour, les dirigeants et les scientifiques acquiescent. Le discours du robot a réussi à vaincre leurs peurs.

– Avec tout le respect que je vous dois, je préfère préciser qu'il y a une première fois à tout, avertit Jor-El. Le mal qui ronge notre planète grandit de jour en jour. Il s'agit de la destruction complète de notre monde. Nous devons quitter Krypton avant qu'il ne soit trop tard.

La panique gagne à nouveau la salle. Qui croire ? Pour mettre fin à l'agitation générale, Brainiac reprend la parole d'une voix sûre :

– Jor-El utilise la peur pour vous contrôler !

– Non ! se défend Jor-El. Je me moque du pouvoir ! Ce qui m'intéresse, c'est la sécurité de nos habitants.

– Si tu te soucies tant que ça de leur sécurité, alors tais-toi ! conseille Brainiac, très en colère.

Vond-a, la présidente du conseil des sciences rejoint Jor-El et Brainiac au centre de la pièce.

– Je suis d'accord avec Brainiac, affirme-t-elle. Ton discours, Jor-El, ne fera qu'effrayer les habitants de notre planète. Si les données fournies par Brainiac montrent qu'il n'y a pas de danger, nous devons le croire.

Jor-El est seul contre tous et il sait que rien de ce qu'il pourra leur dire ne les fera changer d'avis.

Pourtant, cela fait des semaines qu'il tente de les avertir. Sans succès… Ils ne l'écoutent jamais. De toute façon, ils n'écoutent jamais personne. Jor-El n'a plus le choix.

– Quelle que soit la décision du conseil, je m'y soumettrai, assure-t-il.

Déçu, il quitte la salle de réunion. Le robot regarde Jor-El s'éloigner. Ouf ! Il l'a échappé belle. *Jor-El a raison,* pense-t-il. *Krypton sera bientôt détruite. Mais ces fous ne doivent pas le savoir.* Un sourire diabolique se dessine sur son visage… *Il va falloir faire taire Jor-El.*

2
UNE PLACE POUR TROIS

À plusieurs kilomètres de la base centrale, Jor-El sort de son vaisseau spatial. Il vient de rentrer chez lui. Sa femme, Lara, l'attend avec impatience sur le pas de la porte.

– Chéri, est-ce que tu as pu convaincre les membres du conseil ?

– Non, ils ont préféré écouter Brainiac, répond-il, déçu. Brainiac ne voit pas le danger qui nous menace. Son programme a dû être court-circuité.

Soudain, la maison se met à trembler. Que se passe-t-il ? Sous le choc, les fenêtres se brisent.

– C'est un nouveau tremblement de terre ! annonce Lara.

Avant même d'avoir terminé sa phrase, les secousses disparaissent et la maison retrouve son calme. Tout ça est vraiment très étrange…

– J'ai fait des recherches sur tous les tremblements de terre qui ont touché Krypton. Ceux-là sont beaucoup plus puissants, ajoute Lara. Il n'y a aucun doute, tes calculs sont exacts.

Ils se dirigent alors vers leur laboratoire. Ils doivent vérifier qu'aucun de leurs appareils n'a été endommagé.

– J'aurais préféré qu'ils soient faux. Avoir la certitude que notre monde court à sa perte ne fait pas de moi un scientifique heureux, se désespère Jor-El. Et j'ai bien peur que ce qui est en train d'arriver soit bien pire que ce que j'avais imaginé. Le noyau de notre planète est en surchauffe.

– Qu'est-ce que ça veut dire ? s'inquiète Lara.

– D'ici quelques jours, voire quelques heures, Krypton n'existera plus… lâche-t-il, sans espoir.

– Mais qu'allons-nous faire de notre fils ?

Jor-El réfléchit un instant avant de répondre.

– Va le chercher et rejoins-moi à la rampe de lancement.

Lara n'a pas besoin d'en savoir plus. Elle se précipite dans les escaliers et marque un temps d'arrêt avant d'entrer dans la chambre de son fils. Les gazouillis de son enfant la font sourire.

– Kal-El, chuchote-t-elle en ouvrant la porte.

Au son de la voix de sa mère, le petit garçon s'arrête un instant. Un grand sourire se dessine sur son visage. Il tend les bras en espérant que Lara le porte.

– Oh, mon trésor, murmure-t-elle en le serrant fort contre elle. Tu es un petit garçon adorable.

Mais le temps presse. Lara attrape des draps bleus et rouges pour l'envelopper. Puis, elle rejoint la rampe de lancement où l'attend Jor-El.

Il est en train de régler les derniers détails de sa nouvelle invention, une fusée spatiale. Lara ne peut s'empêcher de serrer un peu plus fort son petit contre elle.

– J'avais espéré avoir plus de temps pour construire des vaisseaux plus grands et plus confortables, regrette Jor-El. Comme ça, nous aurions pu transférer tous les habitants sur une autre planète. Celui-là ne peut transporter qu'une seule personne.

Jor-El regarde tendrement son fils. Le petit attrape le doigt de son père et le sert de toutes ses forces. Au même moment, un nouveau tremblement de terre secoue le bâtiment et un des spots de lumière vient directement s'écraser sur le pied de Lara. Le bruit est effrayant et Kal-El se met à pleurer.

– Jor-El, dépêche-toi ! le supplie sa femme.

Le scientifique vérifie le tableau de contrôle de sa machine. Pendant ce

temps, Lara installe confortablement son fils dans la fusée. Elle ne peut pas détacher son regard de Kal-El.

– Tu n'as aucune idée de combien tu comptes pour nous… lui dit-elle. Kal-El, tu es notre dernier espoir.

Un bruit étrange et effrayant retentit à l'intérieur du bâtiment. Qu'est-ce que ça peut bien être ?

KKLLAAAANG!

– Ça, ce n'était pas un tremblement de terre, affirme Jor-El.

– Non, tu as raison. On dirait que ça vient des escaliers.

Jor-El vérifie l'écran de surveillance. L'image se brouille et disparaît. Oh, oh, tout ça n'annonce rien de bon ! Lara se rapproche de Jor-El et s'agrippe à son bras.

Vond-a, la présidente du conseil des sciences, se tient à l'extérieur de la rampe de lancement. Elle est accompagnée d'hommes armés.

– Jor-El ! crie-t-elle. Ouvre cette porte ! Toi et ta famille êtes en état d'arrestation.

3
LA FUITE

Dehors, Vond-a et ses hommes sont stoppés dans leur élan par un bruit assourdissant.

ZWWWWOOOOMMMM!

Un drôle d'objet vient d'apparaître dans le ciel.

– Est-ce que c'est une météorite ? ose demander un des hommes.

– Non, aucune météorite n'est censée

traverser notre planète aujourd'hui, l'informe Vond-a.

Un autre tremblement de terre secoue la planète. Il est si puissant que le groupe venu arrêter Jor-El et Lara n'arrive pas à garder l'équilibre. Au-dessus d'eux, l'objet qu'ils avaient repéré plus tôt s'éloigne de Krypton. En effet, ce n'est pas une météorite mais un vaisseau spatial ! À son bord, Brainiac file à toute allure vers une nouvelle planète. *Je ne pouvais quand même pas rester et être détruit*, pense-t-il. *Je vaux bien plus que toutes ces vies.* Il programme son vaisseau vers sa prochaine destination, la Voie lactée… *Grâce à moi, la haute technologie mise en place par les scienti-*

fiques de Krypton ne sera pas perdue. Je vais m'en servir pour conquérir un nouveau monde.

Pendant ce temps, sur Krypton, Jor-El se prépare à lancer sa nouvelle invention.

– J'ai presque fini, annonce-t-il.

Il est temps pour Lara de dire adieu à son fils.

– Sois sage, Kal-El, murmure-t-elle en pleurant. Tu trouveras une nouvelle maison où tu seras en sécurité, loin de Krypton.

Une détonation retentit. Vond-a et ses hommes ont réussi à rentrer dans le bâtiment. Il faut faire vite. Jor-El presse un dernier bouton et les portes du vaisseau se ferment. Le moteur se met en marche. En l'espace d'une seconde, la fusée flotte dans les airs. Pauvre Kal-El ! Il est bien trop petit pour comprendre ce qui lui arrive…

– Ne t'inquiète pas. Il restera toujours dans nos cœurs, dit Jor-El à sa femme.

– Nous ne t'oublierons jamais mon ange, promet Lara en regardant le vaisseau qui emporte son fils.

– Ils sont là ! hurle un des hommes de Vond-a en enfonçant la porte.

En quelques secondes, les hommes encerclent Lara en la menaçant avec leur arme.

– Jor-El ! Recule de cet écran de contrôle ! ordonne Vond-a.

– Non ! crie Lara.

– Reste en dehors de ça, Lara, lui conseille la présidente du conseil des sciences. Ton mari est une menace pour notre planète.

– Vous ne comprenez rien ! C'est vous qui êtes la menace ! l'accuse Lara. Mon mari essaie seulement de nous sauver la vie. Et maintenant, il essaie de…

– Calme-toi, Lara, lui demande Jor-El.

Vond-a en profite pour regarder le matériel scientifique de Jor-El. Elle est intriguée. Qu'a-t-il bien pu se passer ici ?

– Qu'est-ce que tu as fait ? Et à quoi sert ce vaisseau ? s'inquiète-t-elle en regardant dans le ciel la fusée de Jor-El.

Les hommes de Vond-a sont plus menaçants que jamais. Ils dirigent leur arme vers le vaisseau.

– Ce doit être une arme dangereuse, affirme Vond-a. Détruisez-la.

– Non ! hurle Lara alors que Jor-El s'interpose devant les hommes.

Au même moment, le vaisseau émet un bruit assourdissant. Une lumière traverse

BA-DOOOMMMM!!

la pièce et la fusée décolle à une vitesse incroyable. Le choc est si puissant que tous sont projetés contre les murs. En un éclair, l'invention de Jor-El s'éloigne de la planète Krypton. D'en bas, Lara et son mari suivent des yeux la machine qui emporte leur fils. Un terrible tremblement de terre secoue à nouveau Krypton. Les murs du bâtiment s'effondrent ! Il faut vite sortir d'ici ! Les rayons du soleil rouge traversent une dernière fois la pièce. Il est trop tard pour s'enfuir…

– Adieu, Kal-El… murmure Jor-El dans son dernier souffle.

Le scientifique ne s'était pas trompé. Une explosion a détruit Krypton. La pression a fait disparaître les océans. L'air est devenu irrespirable. Le ciel s'est tout simplement transformé en un immense incendie. Des millions de personnes ont perdu la vie dans cette catastrophe.

4
UNE VIE NOUVELLE

Au Kansas, l'été vient de commencer. Un doux soleil brille dans un ciel bleu sans nuage. À Smallville, les paysans profitent du beau temps pour travailler dans leurs champs. À bord de son tracteur, Jonathan Kent est content de lui. Il vient de passer des heures à s'occuper de son champ de maïs. Soudain, son téléphone se met à sonner.

– Martha ? dit Jonathan en décrochant. Que se passe-t-il ?

– Comment sais-tu que c'est moi ? s'étonne sa femme.

– Qui veux-tu que ce soit ? Tu es la seule personne qui m'appelle sur cette chose.

– Tu pourrais au moins me dire bonjour ! s'indigne Martha.

BZZZZT!

– Qu'est-ce que c'est ? s'inquiète Jonathan en entendant un bruit étrange.

Il voit apparaître un objet dans le ciel qui fonce… droit sur lui ! En état de choc, il est incapable de bouger.

– Jonathan, qu'est-ce qui se passe ? hurle sa femme dans le téléphone.

– Je ne sais pas, finit-il par répondre. Je crois que je viens de voir une météorite.

– Tu as raison, confirme sa femme. Je la vois de la fenêtre.

THWOOOOMMM!!

Quelque chose vient d'atterrir violemment dans le champ des Kent. Jonathan est projeté contre les vitres de son tracteur. Dans le pré, les animaux sont paniqués. Martha, qui a tout vu, se met à crier. De la fumée et des flammes jaillissent.

Quoi que ça puisse être, je crois que ça vient juste d'atterrir dans mon champ, pense Jonathan.

Martha se précipite vers son mari. Ouf ! Il va bien. Mais quelle frayeur ! Curieux, ils se dirigent tous deux vers le point d'impact de l'objet.

Whaou ! Quel trou ! En atterrissant, la chose a creusé un énorme cratère. Face à l'étrange machine, les Kent hésitent une minute avant d'aller plus loin.

– On devrait peut-être appeler la police, suggère Martha. Ou un scientifique de l'université.

– Je n'en crois pas mes yeux, murmure Jonathan en retirant ses lunettes. Selon moi, ça ne ressemble pas du tout à une météorite.

– Parce que c'est censé ressembler à quoi ?

– À un caillou, Martha. À un très gros caillou. Et ça, ce n'est pas une météorite ! explique-t-il en faisant un pas en avant. Oh…

– Fais attention !

– Oui, je vais être prudent, promet-il.

Jonathan a raison. Ce n'est pas une météorite. L'objet est fait d'un métal inconnu. Rien à voir avec un caillou tombé de l'espace ! Non, on dirait plutôt une pièce d'un avion ou quelque chose comme ça. La fumée qui s'élève ne vient pas de la chose en question mais des épis de maïs qui ont pris feu au moment de l'impact. Confiant, le paysan se rapproche.

– N'y touche pas !

– Oh, n'en fais pas toute une histoire, Martha, lui répond-il. Je veux juste…

KLIKKK!

– Qu'est-ce que c'était ?

Surpris, le couple ne sait plus quoi faire. Mais soudain, une partie de l'objet se met à bouger. Une porte s'ouvre… Et laisse Martha et Jonathan sans voix. Là, deux petites mains roses apparaissent. Un enfant est à l'intérieur du vaisseau. Martha se précipite vers lui.

– C'est un bébé ! annonce-t-elle.

– Un petit garçon, ajoute Jonathan.

Un sourire se dessine sur le visage du petit garçon. Comme il a l'air heureux… Il leur tend les bras.

– D'où est-ce que tu viens mon bonhomme ? s'interroge Jonathan.

– C'est un bébé ! répète Martha.

– Oui, je le vois bien, Martha, lui dit son mari en se moquant gentiment d'elle.

– Nous avons toujours rêvé d'avoir un enfant, Jonathan ! s'exclame-t-elle.

– Il n'est pas à nous, lui rappelle-t-il.

Martha s'en moque. Elle se rapproche du petit et le prend dans ses bras.

– Je ne pense pas qu'il ait de la famille dans les parages, argumente-t-elle. À moins que tu aies vu d'autres personnes tomber du ciel…

– Oh, Martha... répond Jonathan.

La joie illumine le visage de Martha. Elle sert son trésor contre elle. Si elle avait pu imaginer ça un jour ! Le petit sourit et se met à jouer avec les cheveux de sa nouvelle maman.

– Nous t'appellerons Clark, décide-t-elle. J'ai toujours aimé ce prénom.

– On ne peut pas faire ça, Martha, désapprouve Jonathan en secouant la tête.

Mais Martha refuse d'abandonner l'enfant.

– Nous allons seulement nous occuper de Clark jusqu'à ce que quelqu'un vienne le chercher, se contente-t-elle de dire.

Cet enfant est un cadeau inespéré. Elle regarde le ciel pendant un instant et se tourne vers son mari.

– Au fond de moi, je crois que personne ne viendra nous le reprendre, admet-elle. N'es-tu pas d'accord ?

Jonathan se rapproche de sa femme et de son nouveau fils. Il la serre dans ses bras. Ils comptent bien profiter de ce bonheur que le ciel leur a offert.

5
DES SUPER POUVOIRS

Tard cette nuit-là, Martha et Jonathan sortent de leur maison. Ils ont pris une grande décision : personne ne doit connaître l'existence du vaisseau spatial. Jonathan l'attache à sa moissonneuse et le tire jusqu'à la grange. Là, il commence à creuser un trou pour l'enterrer.

– Je ne voudrais pas qu'un de ces fouineurs de journalistes tombent dessus !

Martha acquiesce, distraite. Elle s'est prise d'affection pour Clark. Si quelqu'un venait le chercher, elle ne s'en remettrait pas.

Pendant que Jonathan creuse le trou, Martha fouille le vaisseau. Mais d'où peut bien venir ce bébé ? Elle finit par mettre la main sur quelque chose. Enfin un indice, un vrai !

– Regarde ça ! indique-t-elle à son mari.

Elle vient de découvrir des draps bleus et rouges. Oh ! Mais oui, c'est Lara qui avait enveloppé Kal-El dans ces draps… Mais ça, Martha ne le sait pas. Elle les sort du vaisseau et les examine de plus près.

– Je me demande si ça vient de l'ancienne maison de Clark.

Une fois le vaisseau enterré, Jonathan et Martha rejoignent la maison. Elle se rend vite dans sa chambre et cache les draps au fond de son armoire. *Clark en aura peut-être besoin, un jour,* se dit-elle.

Le petit garçon a eu beaucoup de chance de tomber sur les Kent. Ils s'occupent bien de lui. Chaque jour, Martha l'emmène dans le jardin pendant qu'elle s'occupe de son potager. Clark est fasciné par les vaches, les chiens et même par le tracteur. Tout ça est tellement nouveau pour lui ! Il reste toujours près de Martha.

Mais ce que Clark préfère par-dessus tout, c'est jouer avec la terre. Dos au soleil, il pourrait y rester des heures entières. La chaleur ne semble pas le déranger. Pourtant, l'air est pratiquement irrespirable l'été, au Kansas. Clark ne transpire pas. Sa peau reste insensible au soleil.

Par un bel après-midi ensoleillé, un bruit très étrange détourne l'attention de Clark.

ZHHINNGG!!

Il relève la tête. Sur le toit de la maison, la girouette s'affole. Ce n'est pas bon signe. Martha aussi l'a remarqué.

– Jonathan ! crie-t-elle. Une tempête se prépare !

Le fermier, occupé à réparer la grange, n'entend pas sa femme. Martha ramasse ses légumes, prend Clark et se dépêche de rejoindre la maison.

Avant d'entrer, elle se retourne une dernière fois et là, ce qu'elle voit la terrifie. En quelques secondes, le ciel s'est assombri. De gros nuages noirs se sont amassés au-dessus d'eux. Au milieu, un drôle de nuage plus clair que les autres se rapproche. Martha est paralysée. La tempête commence à prendre forme…

Un tourbillon jaillit des nuages et détruit tout sur son passage. Il ne faut pas rester là ! Mais Jonathan ne le voit pas.

– Jonathan ! hurle Martha. Une tornade ! C'est une tornade !

Martha s'enfuit en courant. Elle sert Clark contre elle. Elle doit trouver un abri… et vite ! Elle décide d'aller se réfugier contre un mur de la maison. Mais la tornade est de plus en plus forte. Les maïs du champ de Jonathan sont arrachés, les arbres tremblent et leurs branches se brisent. La girouette du toit se détache et atterrit aux pieds de Martha.

Martha est inquiète. Elle essaie d'appeler Jonathan mais le vent réduit son cri à un murmure.

Sous leur maison, le fermier avait eu l'idée de construire une pièce de secours en cas de tornade. Martha, qui a réussi à atteindre l'entrée, s'arrête une seconde avant de se mettre à l'abri avec son fils.

– Mais où est donc passé ton père ? demande-t-elle à Clark.

Le petit garçon ne comprend pas ce qu'il se passe mais ressent la peur de Martha. Il déteste ce sentiment. La peur lui rappelle un très mauvais souvenir. Au même moment, Martha aperçoit Jonathan sortir de la grange.

– Ici ! lui crie-t-elle en lui faisant de grands signes.

Il court vers elle. Il y est presque !

GROOOOAAAANNN!

Un terrible bruit de métal attire son attention. Oh non, l'énorme réservoir de céréales s'écrase sur le sol ! Le bruit est comme un électrochoc pour

Jonathan qui se remet à courir de plus belle.

– Vite, dépêche-toi ! l'encourage Martha.

Il est temps de se mettre à l'abri. Elle se retourne vers Clark. Oh non ! Il a disparu ! Où a-t-il bien pu aller ? Elle observe le jardin et... Oh ! Le voilà. Il est juste à côté du réservoir. Martha est effrayée. Il risque d'être écrasé d'un moment à l'autre. Elle se précipite vers lui. Elle sait qu'elle est trop loin mais elle doit essayer ! Soudain, une chose extraordinaire se passe. Le réservoir se soulève et atterrit droit dans les mains du petit Clark.

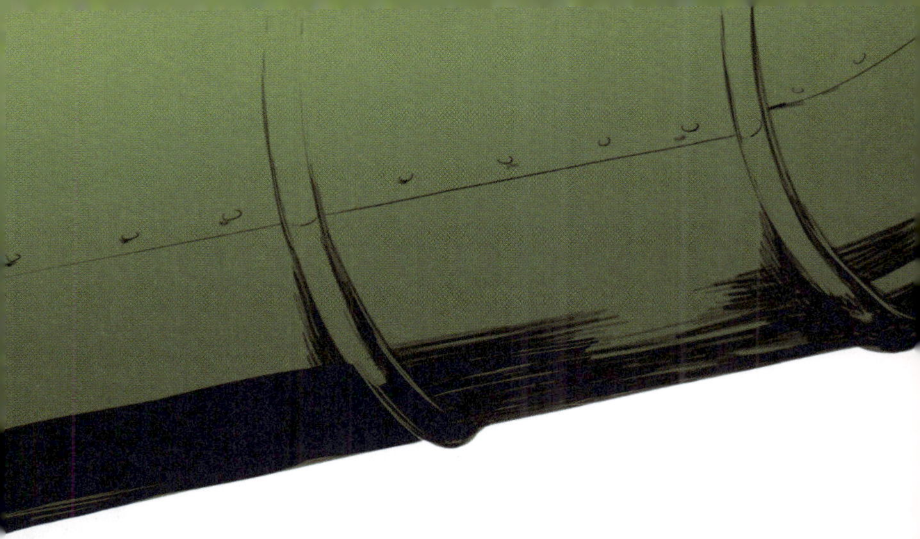

Whaou ! Il arrive à porter cette énorme pièce de métal à la seule force de ses bras. D'un simple geste, il envoie le réservoir à une centaine de mètres de là. Martha court vers son fils et le prend contre elle. Jonathan se presse de les rejoindre. Que vient-il de se passer ? Menacés par la tornade, ils se précipitent dans le bunker. Une fois en sécurité, les Kent verrouillent la porte et s'assoient

sous une faible lumière. Martha refuse de lâcher Clark. Jonathan observe tendrement sa femme et son fils.

– As-tu vu la même chose que moi, Martha ? demande Jonathan.

– Oui, on a sauvé Clark et il vient de faire la même chose pour nous.

– Ce n'est qu'un enfant, dit-il. Imagine ce qu'il sera capable de faire quand il sera plus grand !

– Nous serons de bons parents pour lui, se contente de répondre Martha. Nous l'élèverons du mieux que nous le pourrons.

Jonathan s'approche de son fils et lui tapote gentiment l'épaule.

– Tu es un bon garçon, Clark, le félicite-t-il. Ce que tu as fait aujourd'hui était vraiment très courageux de ta part.

Clark regarde son père dans les yeux et lui sourit. Il pourra toujours compter sur l'amour de ses nouveaux parents.

TM

DAILY PLANET

ARTICLE DE CLARK KENT

QUI EST SUPERMAN ?

Né sur la planète Krypton, Kal-El découvre rapidement ses super pouvoirs. Le soleil de notre galaxie l'a transformé en un être unique. Au lieu d'utiliser ses pouvoirs à son avantage, il a décidé de s'en servir pour devenir le défenseur de la Terre. Capable de voler ou d'éliminer un adversaire, il est aussi doté d'une peau qui le protège des armes à feu. Aux yeux de tous, Kal-El est devenu Superman, le dernier survivant de la planète Krypton. Il a fait la promesse de toujours défendre l'univers contre les forces du mal même si cela doit lui en coûter la vie.

- Martha Kent est la créatrice du costume de Superman. Il possède un charme invisible qui le protège des attaques de ses ennemis.

- Si Superman a des forces, il a aussi des faiblesses. Il est impuissant face à la magie et au pouvoir de la kryptonite.

- Superman a toujours voulu cacher son identité. Personne ne se doute que Clark Kent, reporter au *Daily Planet*, est un super héros.

- Chaque super héros possède une base secrète où il entrepose tous ses gadgets. Celle de Superman se trouve dans le cercle arctique et s'appelle la Forteresse de la Solitude.

TABLE DES MATIÈRES

1. MENACE SUR LA PLANÈTE KRYPTON 3

2. UNE PLACE POUR TROIS 11

3. LA FUITE 21

4. UNE VIE NOUVELLE 31

5. DES SUPER POUVOIRS 43

Collection dirigée par Lise Boëll

Publication originale : Stone Arch Books

SUPERMAN created by Jerry Siegel and Joe Shuster
Texte : Michael Dahl
Illustrations : John Delaney et Lee Loughridge

Adaptation française :
© Éditions Albin Michel, S.A., 2012
22 rue Huyghens, 75014 Paris
www.albin-michel.fr

Traduction : Ophélie Doucet
Conception éditoriale : Lise Boëll
Éditorial : Marie-Céline Moulhiac
Direction artistique : Ipokamp

ISBN 978-2-226-24092-7
Loi n°49-956 du 16 juillet 1949 sur les publications destinées à la jeunesse
Achevé d'imprimer en France par Pollina - L60743b
Dépôt légal : mai 2012